Der Auer

Druckschriftlehrgang

Erarbeitet von
Kerstin Berktold, Sabine Hoyer, Edeltraud Röbe, Heinrich Röbe

Illustriert von
Ulrike Zahner

Sprachwissenschaftliche Beratung:
Prof. Dr. Rolf Bergmann

Auer Verlag GmbH

Buntstifte auf dem Pausenhof laufen und springen lassen

Buntstifte auf dem Pausenhof laufen und springen lassen

Spuren von links nach rechts ziehen

Den Ball in den Korb werfen usw.

L

L mit verschiedenen Schreibgeräten nachspuren

L drucken, stempeln, sammeln und aufkleben

L

L in die Leitern und ins Lineal drucken

zu Fibel S. 4/5

l mit verschiedenen Schreibgeräten nachspuren;
l drucken, stempeln, sammeln und aufkleben

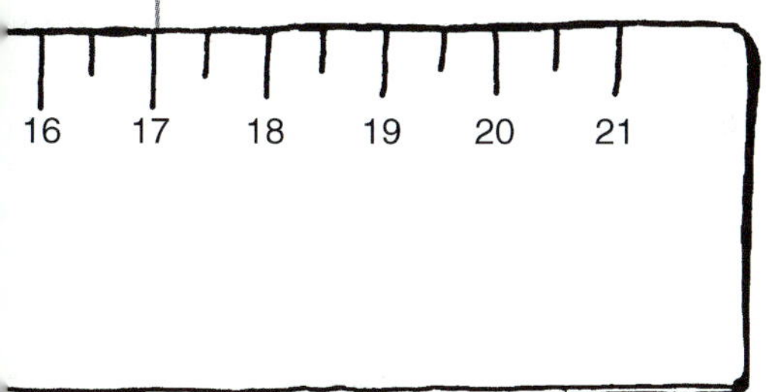

L l drucken

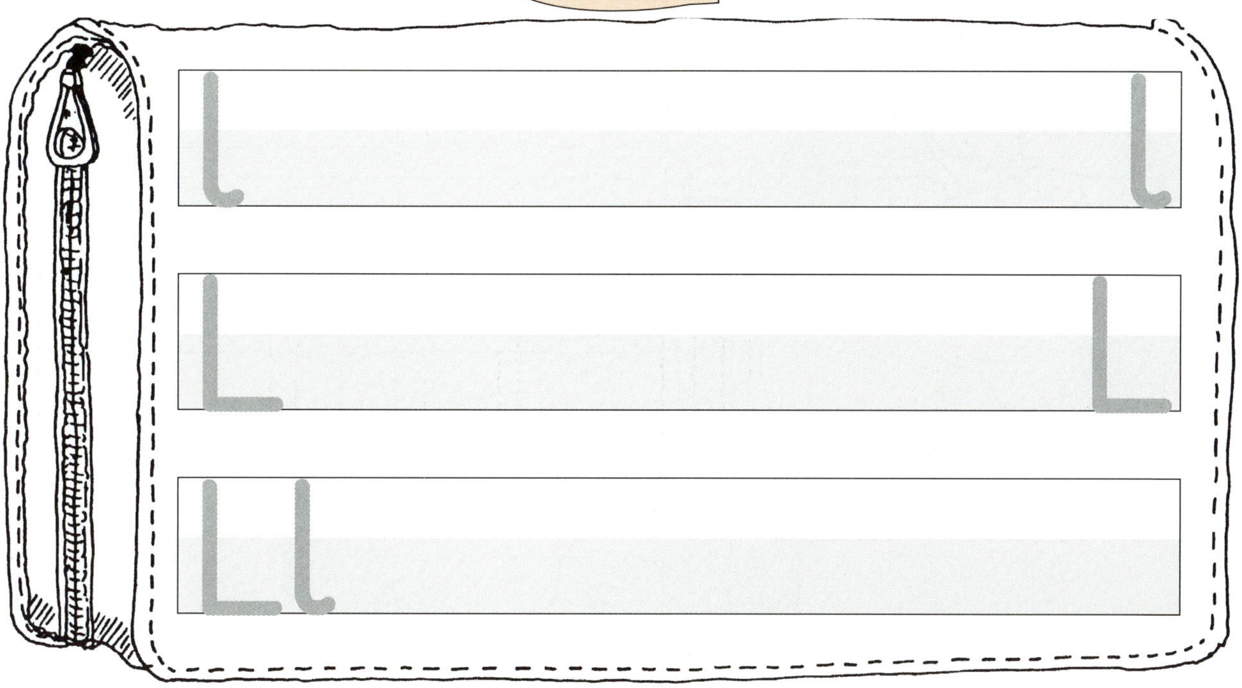

E

E

E mit verschiedenen Schreibgeräten nachspuren;
E drucken, stempeln und aufkleben

E drucken

e mit verschiedenen Schreibgeräten nachspuren
e drucken, stempeln, sammeln und aufkleben

e

e

e

e

E e drucken

e e

Ee

O

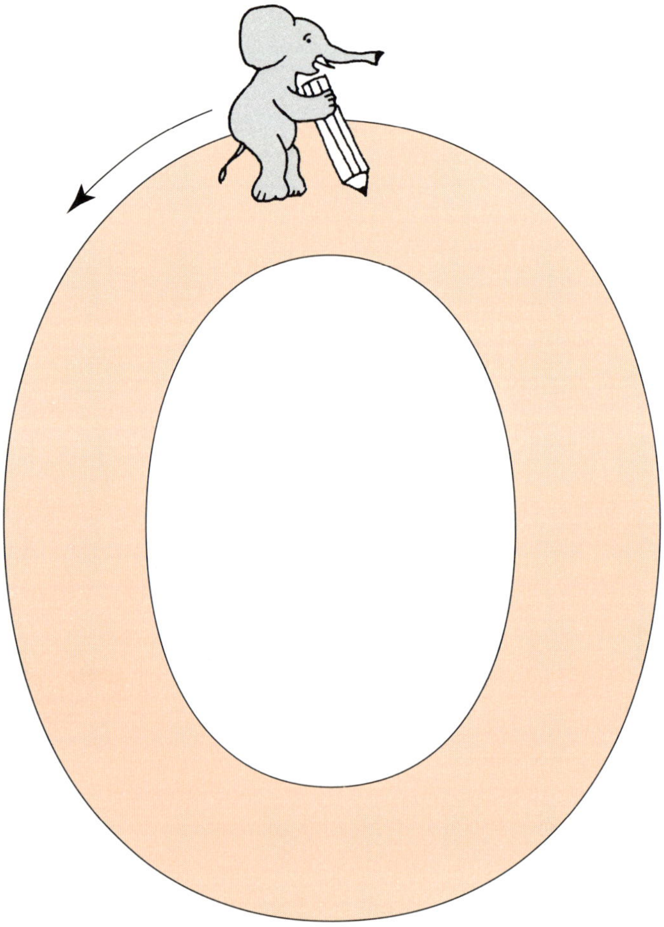

O mit verschiedenen Schreibgeräten nachspuren

o

o

o

O drucken, stempeln, sammeln und aufkleben

O o

O drucken, stempeln, sammeln und aufkleben;
eigenes O-Männchen gestalten

O o und Wörter drucken

O o O o

O o

Leo

a

a mit verschiedenen Schreibgeräten nachspuren;
a drucken, stempeln, sammeln und aufkleben

a drucken

A

A mit verschiedenen Schreibgeräten nachspuren;
A drucken, stempeln, sammeln und aufkleben

A drucken

A A A A

m

m

m

m mit verschiedenen Schreibgeräten nachspuren;
m drucken, stempeln, sammeln und aufkleben

m m

m

Oma

am

m und Wörter drucken

M

M mit verschiedenen Schreibgeräten nachspuren;
M drucken, stempeln, sammeln und aufkleben

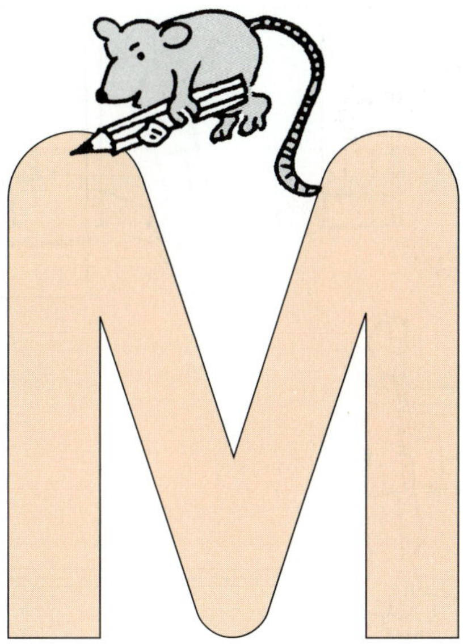

M

M drucken

M M

M

M

Mm

Mama am .

M

Zum Bild erzählen, „Mama am“ drucken und mit eigenen Zeichnungen ergänzen

zu Fibel S. 12

Mm

M m drucken

Hören, ob /m/ am Anfang, in der Mitte oder am Ende klingt; entsprechend M oder m in das Kästchen drucken

M m drucken

P

P

P mit verschiedenen Schreibgeräten nachspuren;
P drucken, stempeln, sammeln und aufkleben

P P

Pa

P und Pa drucken

p

p mit verschiedenen Schreibgeräten nachspuren;
p drucken, stempeln, sammeln und aufkleben

p und Wörter drucken

p p

Opa

Papa

i

i

i

i mit verschiedenen Schreibgeräten nachspuren; i drucken, stempeln, sammeln und aufkleben

i i

Omi

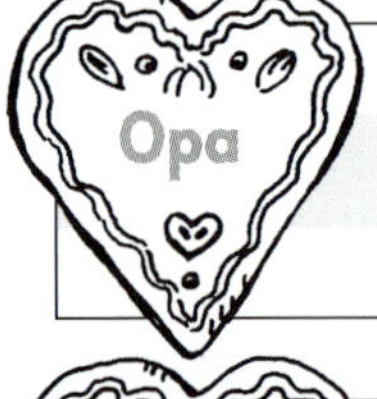

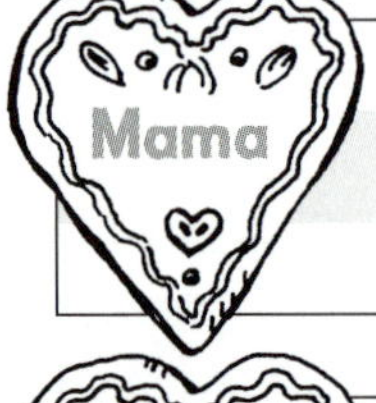

i und Wörter drucken

I

I mit verschiedenen Schreibgeräten nachspuren;
I drucken, stempeln, sammeln und aufkleben

I i drucken

I

I i

Zu den Bildern erzählen, „Mimi im“ drucken und mit eigenen Zeichnungen ergänzen

Mimi im  .

T

T mit verschiedenen Schreibgeräten nachspuren;
T drucken, stempeln, sammeln und aufkleben

T T

Tim

Tom

T und Wörter drucken

Tempo, Tim!

Tempo, Tom!

t

t mit verschiedenen Schreibgeräten nachspuren;
t drucken, stempeln, sammeln und aufkleben

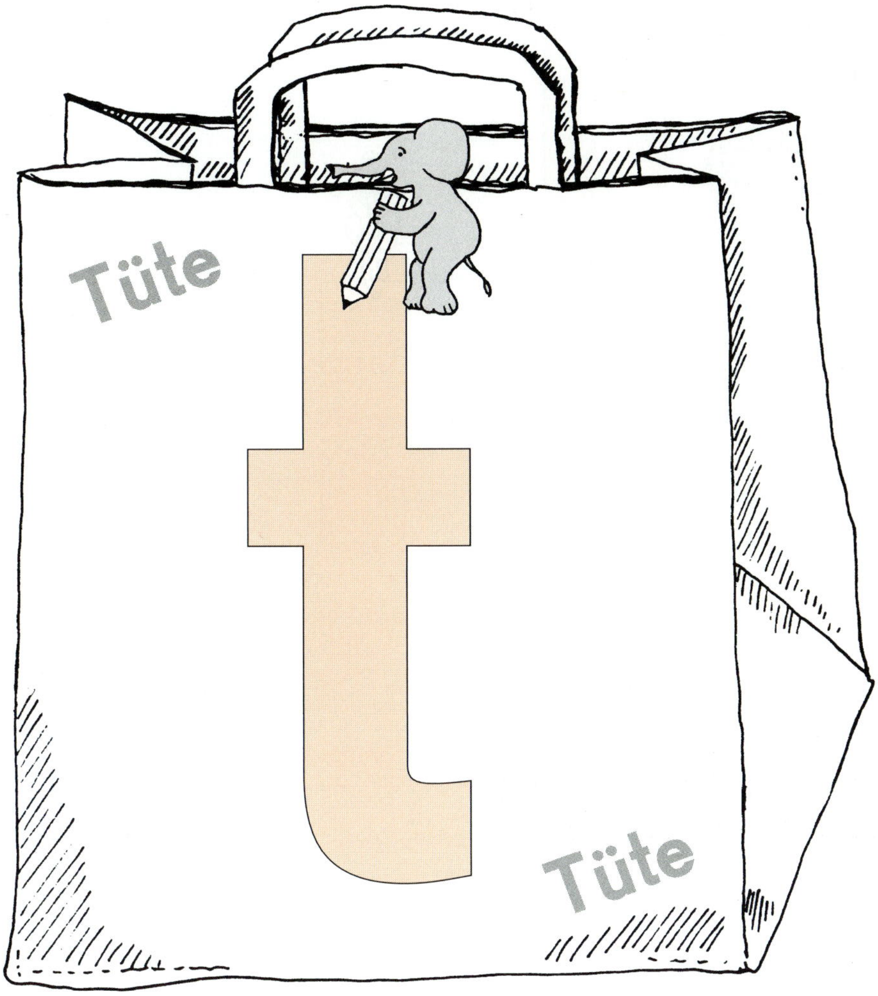

t

t t

Tim malt.

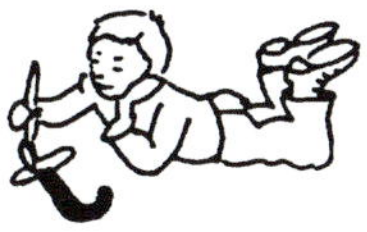

Tim malt mit Tom.

t und Sätze drucken

U u

U u mit verschiedenen Schreibgeräten nachspuren;
U u drucken, stempeln, sammeln und aufkleben

u

U   u

U

U u und Wörter drucken

U U

u u

Mut

Mut, Uli, Mut!

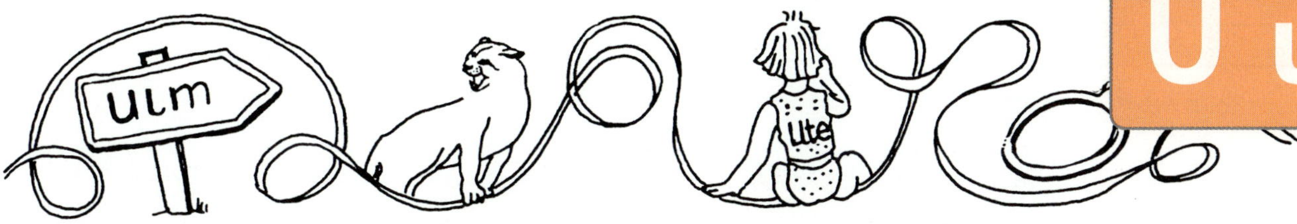

um

Ulm

Uta

Puma

Lupe

Tulpe

Puppe

Mutti

Pulli

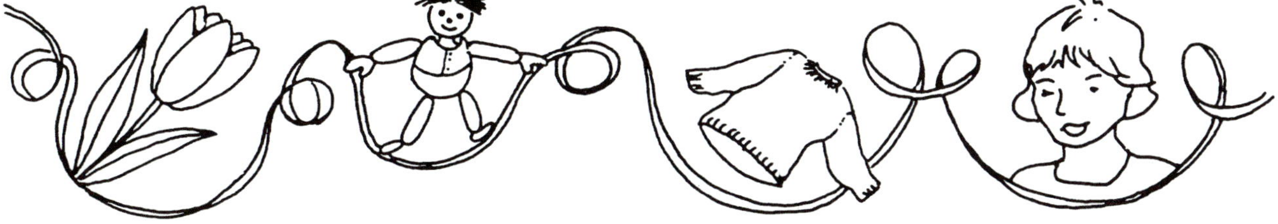

S

S mit verschiedenen Schreibgeräten nachspuren

S

S

Sams

S

S drucken, stempeln, sammeln und aufkleben

S s drucken

S s S s

Zu den Bildern erzählen, Wörter und Sätze drucken

Sams

So ist Sams.

Los, Sams!

Slalom

Salto

Toll, Sams!

H

H

H H

H

Hut

Helm

Hase

Hase mit Helm

H mit verschiedenen Schreibgeräten nachspuren;
H drucken, stempeln, sammeln und aufkleben

H und Wörter drucken

h

h mit verschiedenen Schreibgeräten nachspuren;
h drucken, stempeln, sammeln und aufkleben

h

h

Wörter drucken

huhu

hihi

hoho

Uhu

R r

R r mit verschiedenen Schreibgeräten nachspuren

R r drucken, stempeln, sammeln und aufkleben

r R

Wörter drucken

Au au

Au

au

Au au mit verschiedenen Schreibgeräten nachspuren;
Au au drucken, stempeln, sammeln und aufkleben

Au Au

au au

 to

M  s

R  pe

P  se

Haus

Au au und Wörter drucken

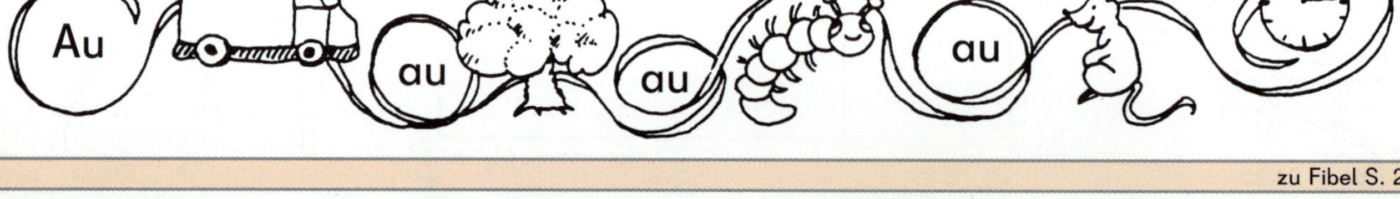

O weh!
Der Leseautomat
macht nur noch
Wortsalat!

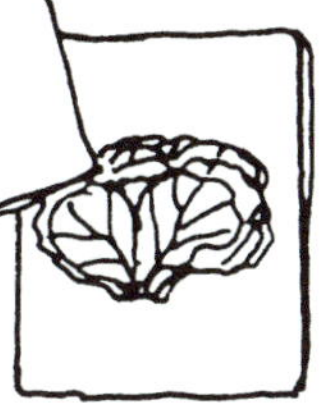

Hase

Silben zusammensetzen, Wörter drucken

N

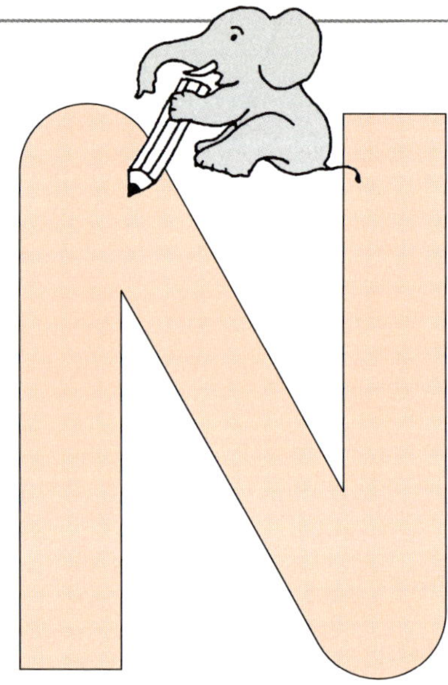

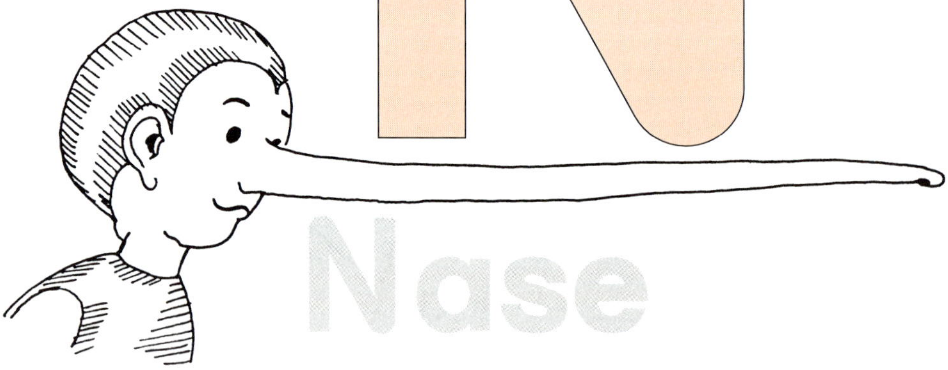

Nase

N N

Nase

Nest

Name

Namen mit N:

N mit verschiedenen Schreibgeräten nachspuren;
N drucken, stempeln, sammeln und aufkleben

N und Wörter drucken

Namen mit N in die Schilder drucken

n mit verschiedenen Schreibgeräten nachspuren;
n drucken, stempeln, sammeln und aufkleben

n drucken

n n

Wörter drucken

Ww

W w mit verschiedenen Schreibgeräten nachspuren;
W w drucken, stempeln, sammeln und aufkleben

W W

w w

W w drucken

Wörter drucken und Bild gestalten

zu Fibel S. 30/31

Wo? Wer? Was? Warum? Wir wollen alles wissen!

im Haus

Mimi

Leos Salami

Mimi will Salami essen.

Wo?

Wer?

Was?

Warum?

Wer war es?

Fragewörter in die Zeilen drucken oder Fragen beantworten

Fingerabdrücke sammeln

Ei ei

Ei

ei 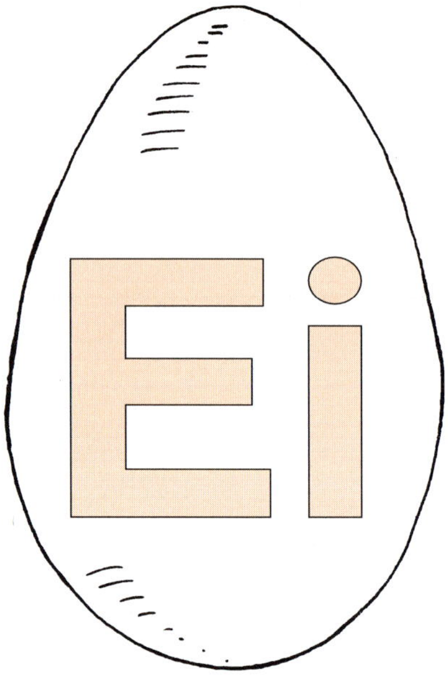

Ei mit verschiedenen Schreibgeräten nachspuren;
Ei ei drucken, stempeln, sammeln und aufkleben

Ei Ei

ei ei

ein

Zeilen fertig drucken

ein? eine?

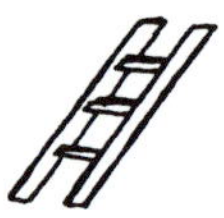

„ein“ oder „eine“ zuordnen und drucken

s   S l   mer   Am se   L ter

Wörter mit Ei ei drucken

K k

K k mit verschiedenen Schreibgeräten nachspuren;
K k drucken, stempeln, sammeln und aufkleben

K k drucken

K K

k k

„Kran“ und „Paket“ drucken

Kran

Paket

K k

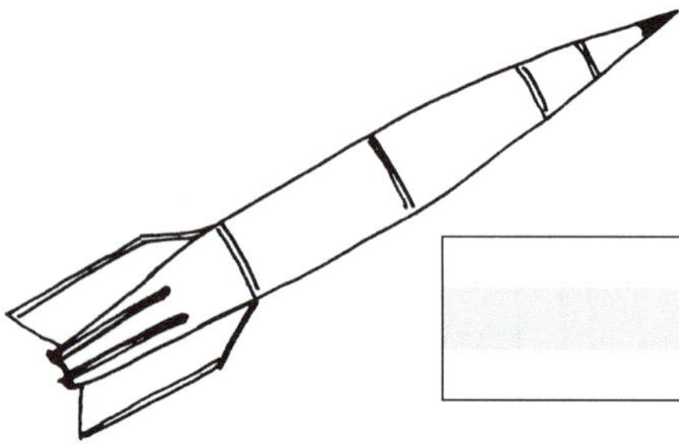

Spielsachen im Schaufenster beschriften

Lok Rakete Traktor Kasperle Kater Karten Kran
Kamel Kreisel Knete Kiste Krone Pelikan

ck mit verschiedenen Schreibgeräten nachspuren;
ck drucken, stempeln, sammeln und aufkleben

ck drucken

ck ck

Wörter zu den Bildern drucken

picken ticken kicken nicken hacken packen

D d

D d mit verschiedenen Schreibgeräten nachspuren;
D d drucken, stempeln, sammeln und aufkleben

D D

d d

Zeilen fertig drucken

Dd

Dino

Daumen

drei

Eigene Wörter mit D d drucken

zu Fibel S. 36/37

ie mit verschiedenen Schreibgeräten nachspuren;
ie drucken, stempeln, sammeln und aufkleben

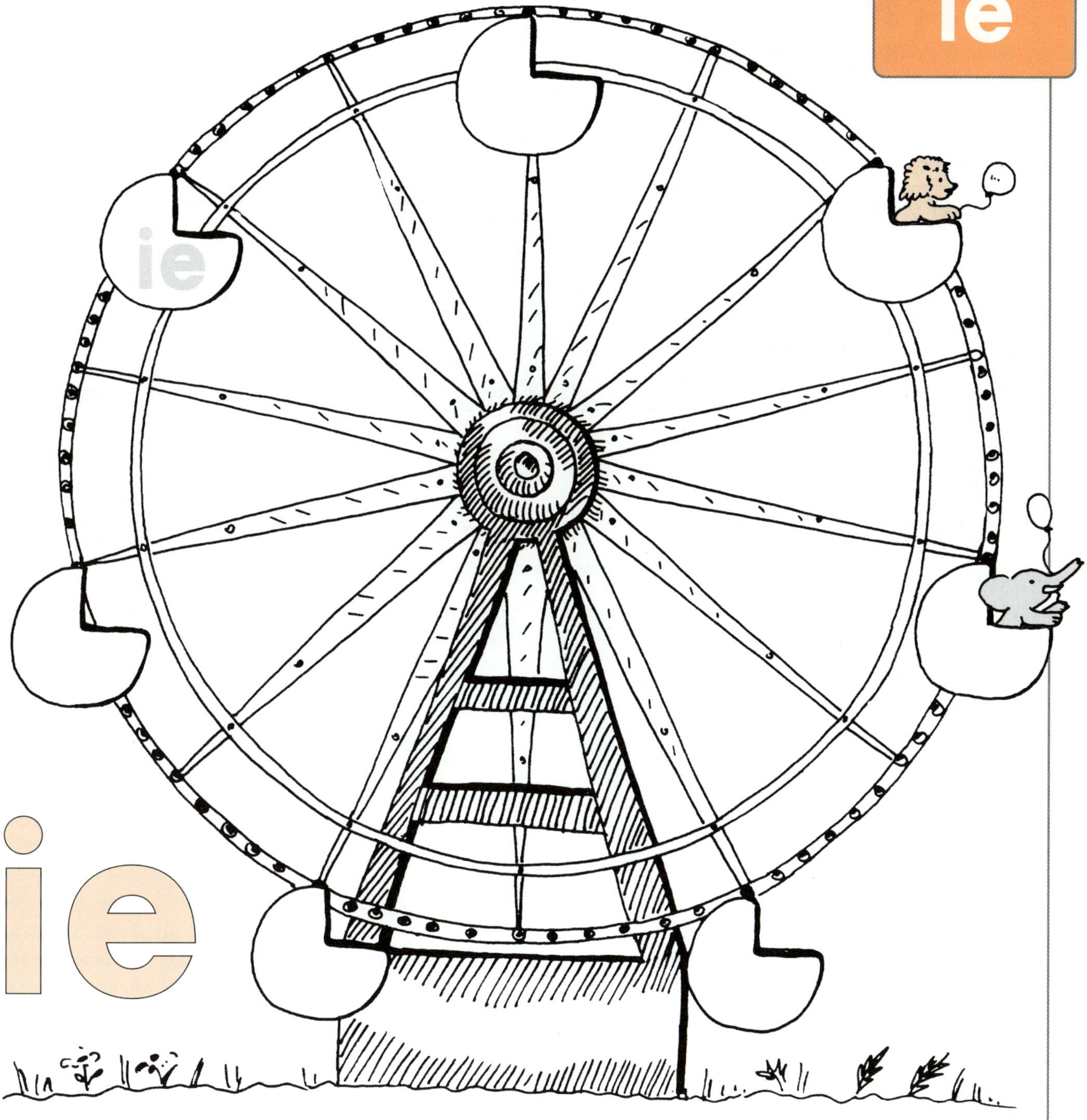

ie

ie ie

der Riese

die Wiese

Zeilen fertig drucken;
eigene Wörter mit ie drucken

Sch sch

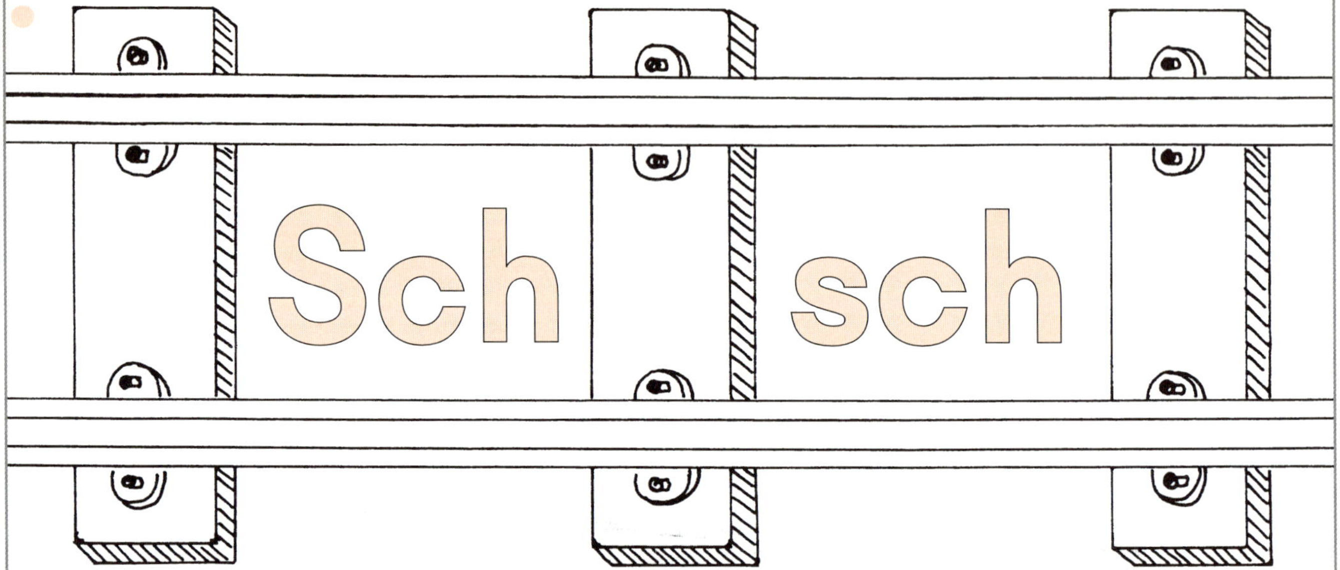

Sch sch mit verschiedenen Schreibgeräten nachspuren;
Sch sch drucken, stempeln, sammeln und aufkleben

Sch Sch

sch sch

Sch sch drucken

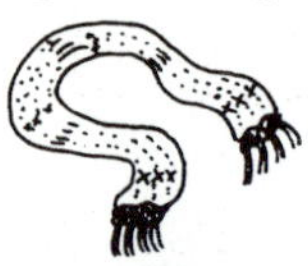

Wörter zu den Bildern drucken;
Wort mit Sch sch malen und drucken

Alle bisher gelernten Buchstaben in die Waggons drucken

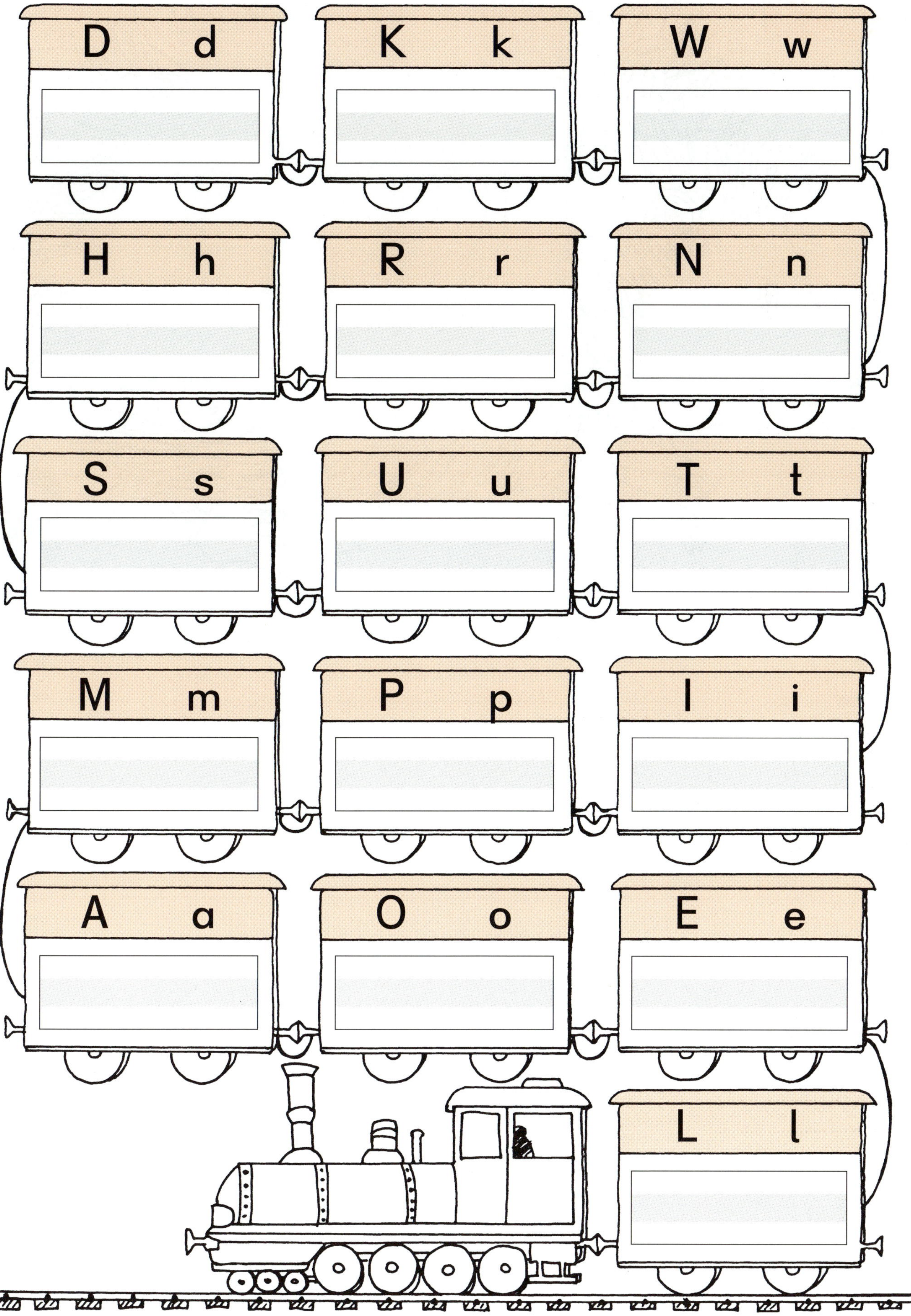

g

g mit verschiedenen Schreibgeräten nachspuren; g drucken, stempeln, sammeln und aufkleben

g g

Igel

Auge

gut

Zeilen fertig drucken

Ist das gut?

Entscheiden, ob das, was abgebildet ist, schmeckt, und „gut“ drucken

G

G mit verschiedenen Schreibgeräten nachspuren;
G drucken, stempeln, sammeln und aufkleben

Zeilen fertig drucken

G G

Garten

Eigene Wörter mit G g drucken

Gr | as | 
Gr | ille | 

Gl | as | 
Gl | ocke | 

B

B mit verschiedenen Schreibgeräten nachspuren;
B drucken, stempeln, sammeln und aufkleben

B B

Burg

Zeilen fertig drucken

Burg Birne Busch Biene

Wörter zu den Bildern drucken

zu Fibel S. 44/45

b mit verschiedenen Schreibgeräten nachspuren;
b drucken, stempeln, sammeln und aufkleben

Zeilen fertig drucken

b b

Biber

Biberburg

Sätze ergänzen

Biber ______ im Wasser.

Biber ______ Burgen.

Biber ______ Wasser.

leben

lieben

bauen

Zeilen fertig drucken

leben

bauen

lieben

V v

V v mit verschiedenen Schreibgeräten nachspuren;
V v drucken, stempeln, sammeln und aufkleben

V v V v

Zeilen fertig drucken

von

vor

vier

viele

Vogel

Vati

Eigene Wörter mit V v drucken

V v nachspuren

Wörter mit V v drucken

Wörter und Sätze drucken

ver gessen

Wir ver gessen den Streit.

ver tragen

Wir ver tragen uns wieder.

Ü ü

Ü ü

Üü Üü

Tüte

Mein Glückwunsch

Viel · Glück · wünscht · dir · dein · deine

Ü ü mit verschiedenen Schreibgeräten nachspuren;
Ü ü drucken, stempeln, sammeln und aufkleben

Zeilen fertig drucken

Eigene Glückwunschkarte drucken und gestalten

Ä ä und Ö ö mit verschiedenen Schreibgeräten nachspuren;
Ä ä und Ö ö drucken, stempeln, sammeln und aufkleben

Ää Öö

Zeilen fertig drucken

Ää Ää

Öö Öö

Zeilen fertig drucken;
eigene Wörter mit Ä ä und Ö ö drucken

Bär	König
Äste	Löwe
Gräser	Vögel

F

F mit verschiedenen Schreibgeräten nachspuren; F drucken, stempeln, sammeln und aufkleben

F F

Foto

Zeilen fertig drucken

Fliege Fips Flasche Flori mit Flöte

Wörter zu den Bildern drucken

zu Fibel S. 50/51

f mit verschiedenen Schreibgeräten nachspuren;
f drucken, stempeln, sammeln und aufkleben

Zeile fertig drucken

f f

Sätze bilden und drucken

Fiffi Fiffi Fiffi	frisst wartet liegt	im Hof. feines Fleisch. auf dem Sofa.

ch

ch ch

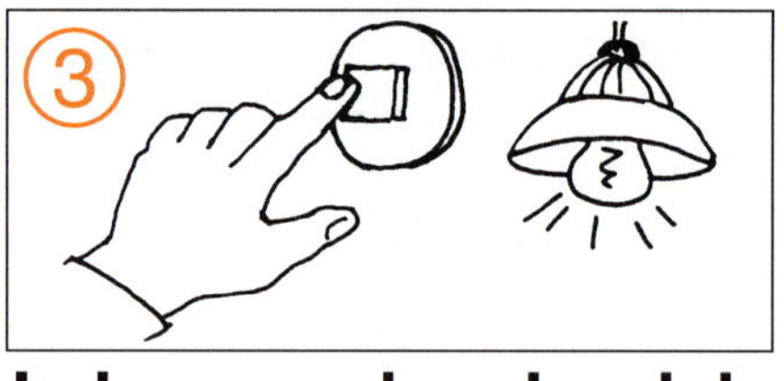

○ Ich mache Licht.
○ Es ist Nacht.

○ Michi ist der Drache.
○ Kommt ein Drache?

Nacht Drache

Licht Michi

①

②

③

④

ch mit verschiedenen Schreibgeräten nachspuren;
ch drucken, stempeln, sammeln und aufkleben

Zeile fertig drucken

Sätze nummerieren

Wörter und Bildunterschriften drucken

zu Fibel S. 52/53

ch

ch nachspuren und ch-Wörter in die Zeilen drucken

Bau ch

Bu ch

Dra ch e

Da ch

Na ch t

Li ch t

Was reimt sich?

Reimpaare finden und in verschiedenen Farben einkreisen, Reimpaare drucken

Buch nicht Bach

Dach Tuch Licht

Dach

Ba

Was Drachen machen

Wörter zu den Bildern drucken

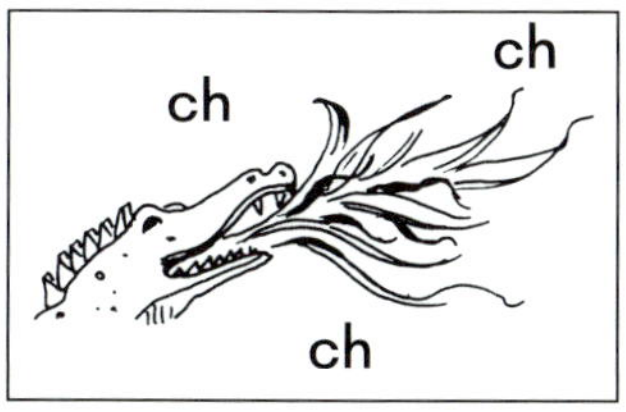

fauchen rauchen lachen tauchen

Z z

Es war einmal ein Zickzack-Mann,
der hatte Zickzack-Hosen an.

Z Z

z z

Zum Zirkus

Zum Zoo

Zum

Zimmer frei!

Z z mit verschiedenen Schreibgeräten nachspuren;
Z z drucken, stempeln, sammeln und aufkleben

Zeilen fertig drucken und
eine Zickzack-Frau malen

Schilder nachdrucken;
eigene Schilder mit „Zum …" drucken

zu Fibel S. 54/55

tz mit verschiedenen Schreibgeräten nachspuren;
tz drucken, stempeln, sammeln und aufkleben

tz tz

Zeilen fertig drucken

Katze

Katzen

können

kratzen

mit den

Tatzen

Antwort drucken

Was können Katzen?

J j

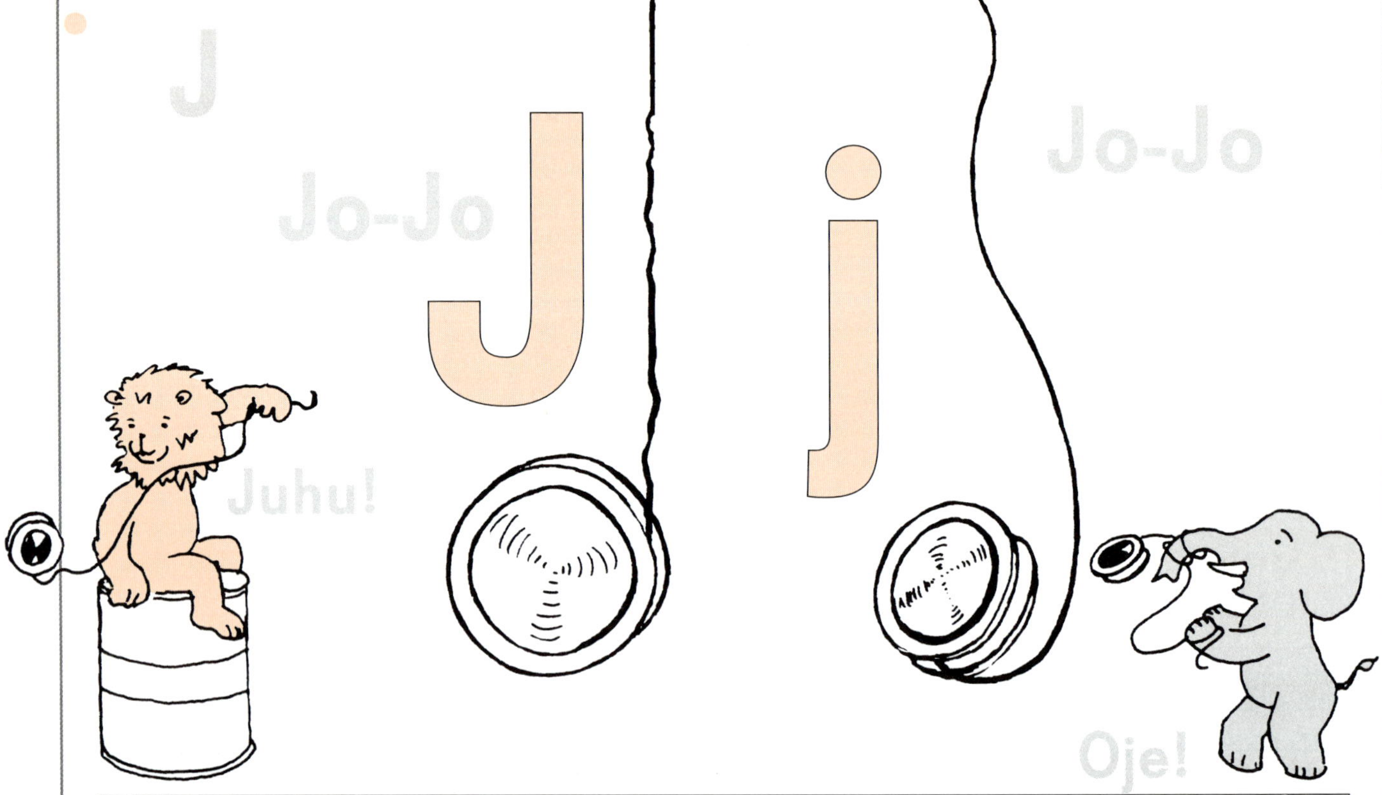

J j mit verschiedenen Schreibgeräten nachspuren;
J j drucken, stempeln, sammeln und aufkleben

J j J j

ja

jeder

Junge

Jahr

Zeilen fertig drucken

Wie alt bist du?
Ich bin … Jahre alt.

Frage- und Antwortsatz drucken

X x

X x mit verschiedenen Schreibgeräten nachspuren;
X x drucken, stempeln, sammeln und aufkleben

Zeilen fertig drucken

X X

x x

Wörter zu den Bildern drucken

Nixe Boxer Mixer Taxi Fax Lexikon

Satz ergänzen und drucken

Die kleine Hexe hext aus einem Mixer ein …

Qu qu

Qu qu mit verschiedenen Schreibgeräten nachspuren;
Qu qu drucken, stempeln, sammeln und aufkleben

Qu Qu qu qu

Zeilen fertig drucken

Qualle quaken

Qualm qualmen

Quelle quer

Quark

Zeilen fertig drucken;
eigene Wörter mit Qu qu drucken

zu Fibel S. 61

Eu eu

Eu eu mit verschiedenen Schreibgeräten nachspuren;
Eu eu drucken, stempeln, sammeln und aufkleben

Eu

eu

Zeilen fertig drucken

Eu Eu

eu eu

Eule

Sätze lesen und drucken

Neun Eulen heulen.

Neun Freunde heulen.

Au au Ei ei Eu eu

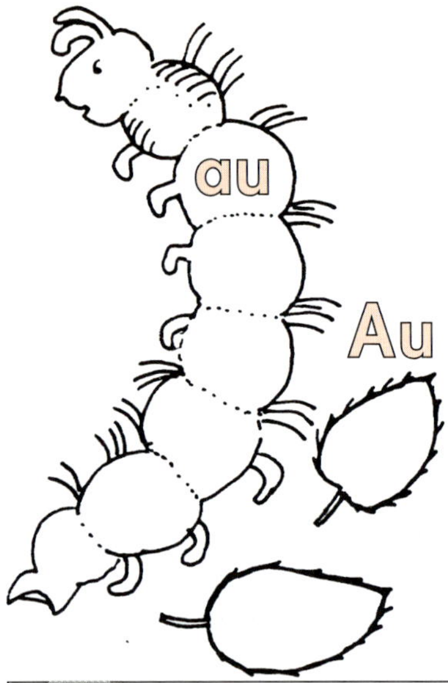

Au au, Ei ei, Eu eu mit verschiedenen Schreibgeräten nachspuren und drucken

Ei ei Ei ei

Au au Au au

Eu eu Eu eu

Zeilen fertig drucken

Eine Eule im Auto.

Ein Teufel im Baum.

Vorgegebene Sätze drucken

Eigene Wörter bzw. Sätze mit Au au, Ei ei oder Eu eu drucken

Y y

Musterzeilen fertig drucken

Y Y

y y y

Y y mit verschiedenen Schreibgeräten nachspuren;
Y y drucken, stempeln, sammeln und aufkleben

Zeilen fertig drucken

Y Y

y y

Wörter drucken

Pony

Baby

Teddy

Äu äu

Äu äu mit verschiedenen Schreibgeräten nachspuren;
Äu äu drucken, stempeln, sammeln und aufkleben

Äu Äu

äu äu

Zeilen fertig drucken

eine Maus – viele Mäuse

ein Baum – viele Bäume

ein Traum – viele Träume

C c Ch

C c und Ch mit verschiedenen Schreibgeräten nachspuren;
C c und Ch drucken, stempeln, sammeln und aufkleben

Ch

C

Computer

Creme

Clown

Wie klingt hier C?

Cent

Ch

Chor

Christbaum

Christof

Zeilen fertig drucken

St st

Meine Wörter mit St st:

St st mit verschiedenen Schreibgeräten nachspuren;
St st drucken, stempeln, sammeln und aufkleben

St drucken

Wörter mit St st in die Steine und Sterne drucken

Sp sp mit verschiedenen Schreibgeräten nachspuren;
Sp sp drucken, stempeln, sammeln und aufkleben

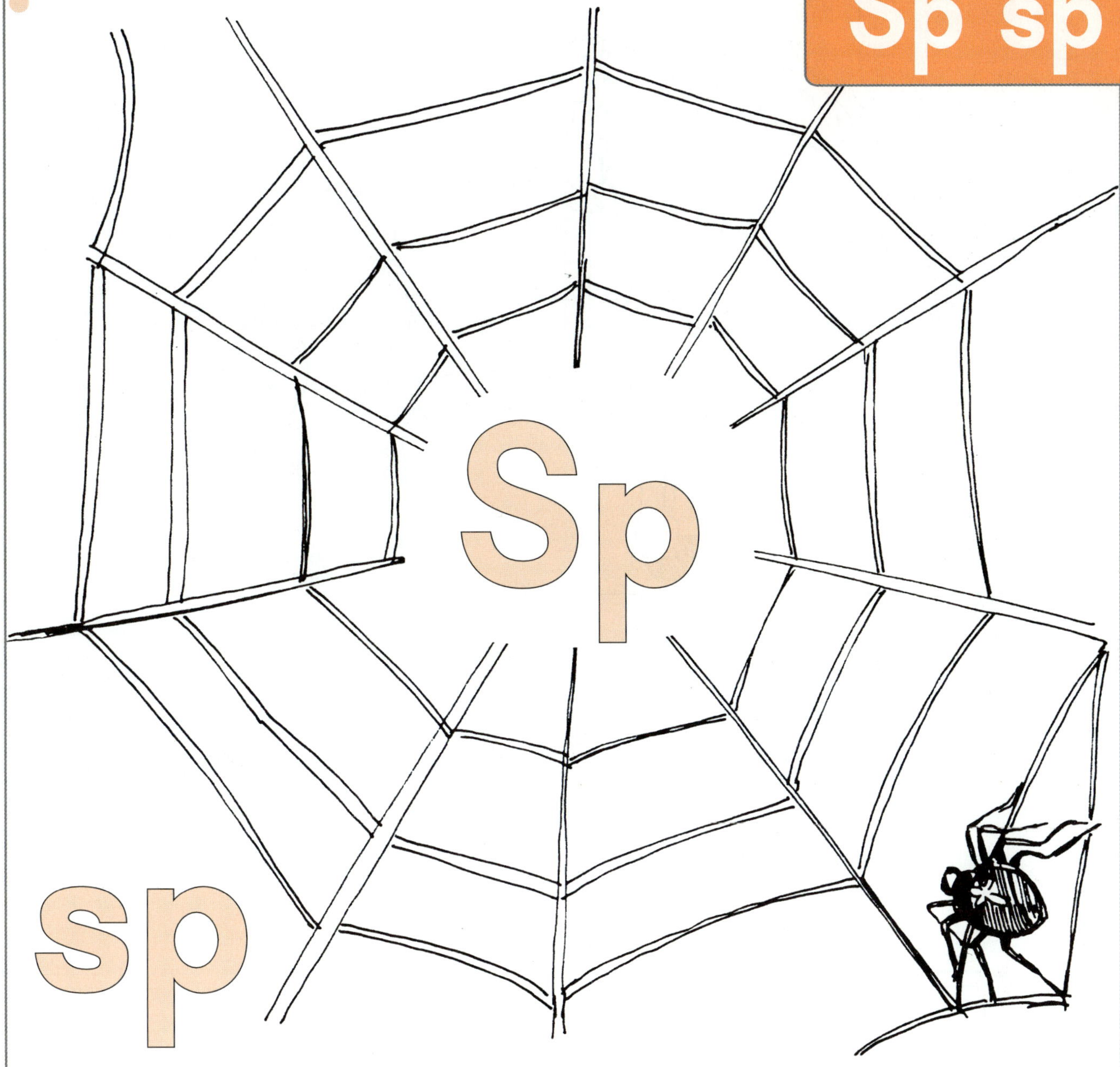

Spuren von wem?
Von Spatzen? Von Spinnen? Von Spagetti?

„Spuren von ...“ drucken

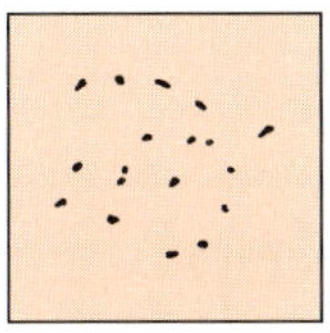

Spuren von

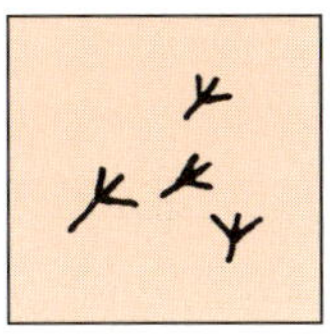

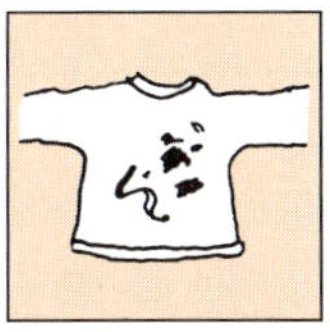

Pf pf

pf

Pf pf mit verschiedenen Schreibgeräten nachspuren;
Pf pf drucken, stempeln, sammeln und aufkleben

Pf Pf

pf pf

Zeilen fertig drucken

Wörter zu den Bildern drucken

Pfeil Pfote Topf Kopf

Eigene Wörter oder Sätze mit Pf pf drucken

ß mit verschiedenen Schreibgeräten nachspuren;
ß drucken, stempeln, sammeln und aufkleben

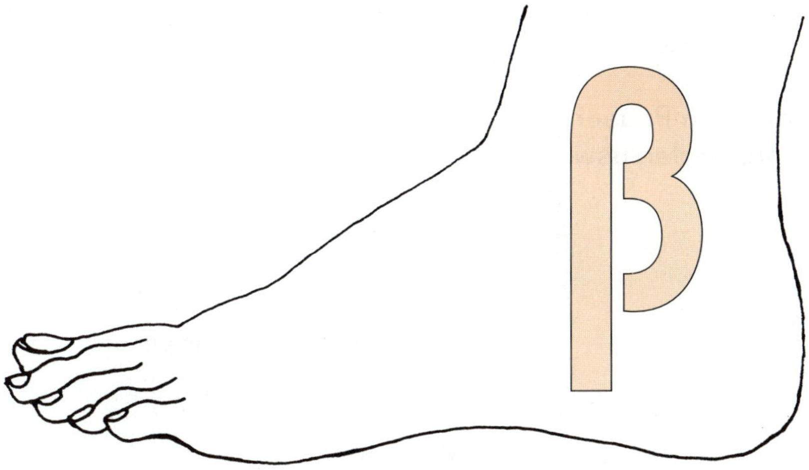

Zeilen fertig drucken

ß ß

Fuß

Ein Fuß? | Zwei Füße? | Vier Füße? | Kein Fuß?

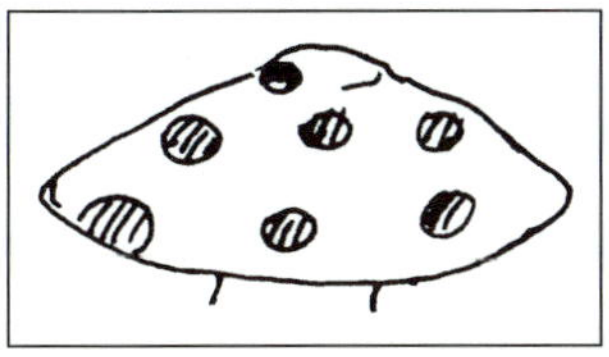

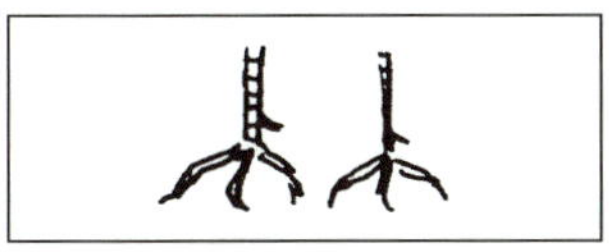
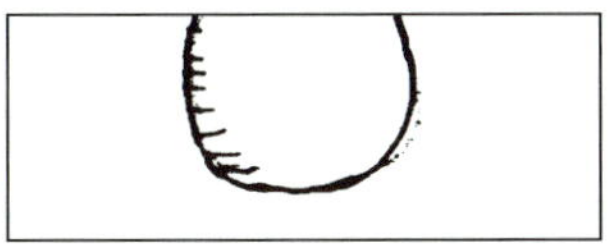
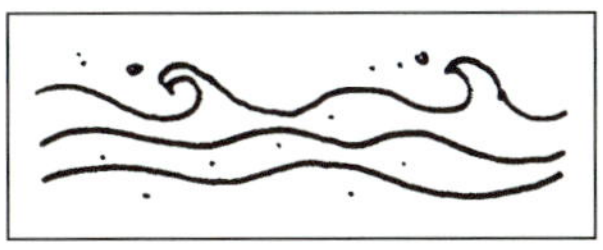
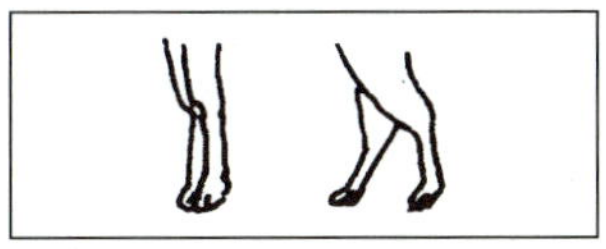

Sätze ergänzen und drucken

Ein Pilz hat ...

Ein Vogel hat ...

Ein Esel hat ...

Ein Fisch hat ...

Inhalt

Zu dem Unterrichtswerk **Die Auer Fibel** gehören:

- Schülerbuch Best.-Nr. 3259
- Arbeitsheft 1
  Übungen z. Leselehrgang Best.-Nr. 3260
- Arbeitsheft 2
  Übungen z. Textteil Best.-Nr. 3416
- Druckschriftlehrgang Best.-Nr. 3261
- Schreiblehrgang VA
  inkl. DIN-A5-Heft f. Rechtshänder Best.-Nr. 3414
  oder DIN-A5-Heft f. Linkshänder Best.-Nr. 3510
- Handpuppe Ele Best.-Nr. 3432
- Handpuppe Leo Best.-Nr. 3433

Gedruckt auf umweltbewusst gefertigtem, chlorfrei gebleichtem und alterungsbeständigem Papier.

1. Auflage. 2001

Redaktion: Monika Schaller-Ringenberger
Umschlaggestaltung: Martina Gollnick
Umschlagillustration: Bernhard Oberdieck
Satz: Fotosatz Buck, Kumhausen
Druck und Bindung: Ludwig Auer GmbH, Donauwörth
ISBN 3-403-0**3261**-2